D1718482

ELISABETH WETZLAR RUSTIKALE RÄUME

ELISABETH WETZLAR

Rustikale Räume

VERLAG ERNST WASMUTH TÜBINGEN

Fotonachweis

Foto Andresen, Kopenhagen: 49, 56, 61, 62, 76, 77, 78, 143; Badisches Landesmuseum, Karlsruhe: 34; Foto Bavaria, Gauting: (Dr. Herwig Happe) 13, (Otto Wasow) 54, 55; Bayerisches Nationalmuseum, München: 2, 4, 5, 19, 20; Foto Blunck, Tübingen: 165, 183, 184; Conran: 136; Country Life: 133; Foto Deyhle, Stuttgart: 66, 67, 68, 69, 70, 71, 73, 98, 99, 100, 102, 122, 124, 125, 132, 133, 134, 135, 153, 154, 156, 157, 166, 176, 185, 186, 187, 188, 189; The Geffrey Museum: 124, 135; G. G. Görlich Editore, Milano: 29, 35, 36, 37, 38, 39, 40, 41, 42, 43, 44, 45, 46, 47, 48, 103, 104, 105, 106, 107, 108, 110, 111, 161, 163; Foto Goertz-Bauer, Düsseldorf: 138; House and Garden: 149, 150, 169, 170; The Council of Industrial Design: 164; Foto Kuhn, Heidelberg: 127, 128, 129, 130, 131, 158; Foto Löbl, Tölz: 22; Foto Mau, Hamburg: 96; The National Museum of Wales, Cardiff: 131; Foto Neubert, München: 24, 65, 72, 74, 92, 93, 94, 95, 112, 115, 119, 120, 121, 123, 137, 144, 151, 152, 155, 172, 175, 177, 178, 179, 180, 181, 182; Foto Planck, Stuttgart: 50, 51, 52, 53, 79, 80, 81, 82, 83, 85, 87, 88, 89, 90, 91, 97, 113, 114, 116, 117, 118, 126, 136, 139, 140, 141, 142, 146, 147, 171; Foto Hedda Reidt, Irrsee: 57, 59, 86, 145, 162; The Times: 129; Tiroler Volkskunstmuseum, Innsbruck: 3, 6, 7, 8, 9, 10, 15, 16, 27, 28, 58, 60; The Victoria and Albert Museum: 125, 130, 132, 134; Foto Zwez, Mittenwald: 21, 23, 26, 30, 31; Foto Zwietasch, Kornwestheim: 17, 75, 84, 101, 167, 174.

Verzeichnis der Architekten

Arbeitsgemeinschaft Holz, Düsseldorf: 160, 168; Prof. Max Bächer, Stuttgart: 88, 141, 142; Dipl.-Ing. Ernst Brune, Düsseldorf: 99, 100, 102, 154; Dr. Justus Dahinden, Zürich: 122, 124, 125, 153, 156, 157: Dreiner & Runge, Gaggenau: 118; Arch. Eberl, München: 94, 95; Arch. G. Eckert, Hohenschäftlarn: 120; Peter Eggendorfer, München: 72; Arch. Ernst Fischer, Breitbrunn: 121, 137, 151, 181, 182; Arch. Grossmann, Heilbronn: 126; Prof. Heim, Stuttgart: 50, 51, 52, 53; Arch. Hendrickx, Belgien: 75; Dipl.-Ing. W. Irion, Stuttgart: 139, 140; Dipl.-Ing. Peter Kuhn, Heidelberg: 127, 128, 129, 130, 131, 158; Arch. Koloman Lenk, Salzburg: 172; Prof. W. Luz, Stuttgart: 83, 116, 117, 147; Arch. Minarik, München: 115, 152; Arch. Ico Parisi, Milano: 98, 133, 135; Heimkunst Pfähler, Ulm: 32, 65, 66, 67, 68, 69, 70, 71, 73, 132, 173, 183, 184; Platz Fertighaus: 65, 66, 67, 69; Dipl.-Ing. H. Rall, Stuttgart: 79, 80, 81, 90, 113, 114; Prof. Roland Rainer, Wien: 123, 179; Prof. Schneider-Esleben, Düsseldorf: 138; Arch. Schmidt, Braunschweig: 177, 178; Prof. Wolfgang Stadelmaier, Stuttgart: 86, 87, 162; Arch. Tapiowara, Helsinki: 143; Bruno Tinhofer, Wien: 74; Dipl.-Ing. Wirsing, München: 92, 119; Prof. Herta-Maria Witzemann, Stuttgart: 145, 174; Arch. Eberhard Zwirner, München: 159, 167.

Alle Rechte vorbehalten
© 1972 by Verlag Ernst Wasmuth Tübingen (zweite verbesserte Auflage)
Klischees: Meisenbach, Riffarth & Co., Berlin
Gesamtherstellung: G. G. Görlich, Paderno Dugnano
ISBN 3 8030 0114 5
Printed in Italy

Ein „Rustikaler Raum" kann verschiedene Gesichter haben; die Spannweite des Begriffs „rustikal" geht von der Bauernstube bis zum mit allen neuzeitlichen Konstruktions- und Material-Elementen ausgestatteten Innenraum.

Ausgangspunkt aller rustikaler Räume ist die Bauernstube. Ihre Requisiten – Holzdecken, Holzböden, holzvertäfelte oder weiß gekälkte Wände – sind auch heute noch die Dinge, die einen Raum rustikal erscheinen lassen – auch wenn diese Elemente in eine veränderte Formensprache übertragen und durch neue Konstruktions- und Gestaltungsmittel ersetzt oder ergänzt wurden.

Die Ausmaße der Bauernstuben waren durch die Bauweise und die Holzkonstruktion der Decken gegeben, Ausgestaltung und Mobiliar den Bedürfnissen der Bewohner angepaßt, gefertigt vom örtlichen Handwerker aus Holz oder anderem Material aus der jeweiligen Gegend.

Die Voraussetzungen haben sich gewandelt, veränderte Baukonstruktionen ermöglichen veränderte Raumdimensionen, das Materialangebot ist überregional und vielfältig geworden. Geblieben ist das Bestreben, mit den gestalterischen Mitteln, die die Bauernstuben zu einem besonders anheimelnden Aufenthaltsort werden ließen, in der heutigen Zeit eine ähnliche Wohnatmosphäre zu schaffen.

Bauernstuben, die seit Jahrhunderten bestehen und von vielen Generationen als Mittelpunkt des bäuerlichen Familienlebens bewohnt waren, sind heute kaum noch in unseren Dörfern anzutreffen.

Zu groß war – vor allem in den letzten fünfzig Jahren – die Versuchung, zu „modernisieren"; leider wurde dabei meist Schönes von jahrhundertealtem Bestand gegen kurzlebiges Modernistisches eingetauscht.

Aufkäufer von bäuerlichem Hausrat wußten, daß sie die meisten Erfolge hatten, wenn eine junge Bauersfrau auf dem Hof war – schnell wurde dann der derbe Stuhl mit der reichgeschnitzten Lehne gegen ein bequemeres gepolstertes Exemplar eingehandelt, oder der bemalte Bauernschrank gegen ein komplettes Schlafzimmer mit viertürigem Schrank ausgetauscht, das nach fünf Jahren schon wieder unmodern war.

Inzwischen ist der „Ausverkauf" der Bauernstube und des bäuerlichen Hausrats beinahe abgeschlossen. Klein ist die Zahl der Bauern, die den Sinn für das Erbe ihrer Vorfahren bewahrt haben und der Tradition zuliebe bereit sind, vielleicht auf etwas Komfort zu verzichten.

Dagegen gibt es eine Anzahl Liebhaber von Bauernmöbeln, die nicht durch ihre Herkunft, sondern durch ihre Ambitionen Freude an bäuerlichem Hausrat oder rustikaler Einrichtung gefunden haben; nicht selten sind es Künstler, Maler, Schriftsteller oder Architekten, die diesen so gar nicht „repräsentativen" Wohnstil schätzen.

Die schönsten Bauernstuben und Bauernmöbel findet man heute in den Museen. Neben den vielen Heimatmuseen (in ganz Westdeutschland) sind es für den süddeutschen Raum das Bayerische Nationalmuseum in München und das Tiroler Volkskunstmuseum in Innsbruck, wo der Interessierte eine reichhaltige Zusammenstellung bäuerlicher Kunst, und der Fachmann eine Fülle von Gestaltungsformen und handwerklichen Details, die auch in unserer Zeit noch ihre Gültigkeit haben, finden.

Nicht nur im süddeutschen Raum gab es jene typische Bauernstube, die – gleich in Größe und Art der Ausgestaltung – in jedem Bauernhaus zu finden war. Der Raum lag ebenerdig, neben Eingang und Küche. Die Stube war meist quadratisch, mit niedriger Balkendecke, kleinen Fensteröffnungen, die oft in tiefen Mauerleibungen saßen; geheizt wurde durch einen gemauerten oder gekachelten Ofen. Standardmobiliar war die Tischgruppe in einer Raumecke; häufig war die Eckbank über die ganze Wand verlängert oder stand in Verbindung mit der Ofenbank.

Konstruktiver Bestandteil jedes Bauernhauses – ob gemauert, aus Fachwerk oder Holz – waren die Holzbalkendecken, aus der größtmöglichen Spannweite der Balken ergab sich die Raumgröße von ca. 5 × 5 m bis 6 × 6 m. Über den senkrecht zum Hausfirst verlaufenden Balken lagen dicke Bretter. Diese ursprünglich sichtbare Deckenkonstruktion wurde später häufig verputzt. In den Museen sind, als Prunkstücke bäuerlicher Handwerkskunst, Bauernstuben zu finden, die außer den Holzdecken auch noch reich geschnitzte oder bemalte Holz-Wandvertäfelungen zeigen. Die Ausgestaltung der Wände mit Holz empfinden wir als besonders wohnlich und typisch für den Begriff „bäuerliches Wohnen"; sie war aber in der Praxis nicht so verbreitet wie die übliche Ausführung mit weiß geputzten oder gekälkten Wänden.

Die bäuerlichen Einzelmöbel sind in vielen Exemplaren erhalten. Sie standen als Kleiderkasten, Truhe, Kommode, Bett oder Stuhl vor allem im Obergeschoß des Bauernhauses.

Inzwischen hat ihr größter Teil sicher den Weg vom Bauernhaus in die Großstadtwohnung gefunden; zu zahlreich sind die Liebhaber dieses liebenswerten bäuerlichen Hausrats, und ein wirklich schönes Stück auf dem Antiquitätenmarkt aufzutun, ist heute schon recht schwierig.

Ob Naturholz, geschnitzt oder bemalt, die Bauernmöbel fügen sich leicht auch in eine sonst moderne Einrichtung ein, der Holzton der Malerei bringen Wärme und eine persönliche Atmosphäre in die durch Serienerzeugnisse leicht etwas uniform wirkenden Räume. Entgegen den Prunkstücken der Möbelkunst, die für Schlösser und Paläste gebaut wurden, kann man mit den bäuerlichen Möbeln leben, die Stube, für die sie einst gebaut wurden, unterscheidet sich in ihren Dimensionen nicht allzusehr von unseren heutigen Neubauwohnungen. Und nicht nur in Ausmaß und Form sind sie für unsere Wohnbedürfnisse geeignet, sie wurden von jeher zweckentsprechend und praktisch angelegt; sie sind durch den Werkstoff Holz und die materialgerechte Konstruktion stabil und dauerhaft.

Während die Bauernmöbel im allgemeinen aus einem unbehandelten Naturholz gefertigt wurden, und zwar aus einem Holz, das in der nahen Umgebung vom Schreiner bezogen werden konnte – wie Eiche, Nußbaum, Kirschbaum, Lärche, Fichte, Tanne und Kiefer –, wurden im süddeutschen Raum die aus Weichholz gefertigten Möbel fast ausschließlich bemalt – so entstand eine reizvolle landschaftsgebundene Variante bäuerlicher Möbelkunst.

Der Wandel der großen Stile in der Kunstgeschichte, der sich auch in der Möbelkunst abzeichnete, hat die bäuerliche Kunst kaum, und dann nur indirekt und mit großen Verzögerungen beeinflußt.

Die Elemente der Gotik und Renaissance, des Barock, Rokoko, des Empire, wurden nicht einfach übernommen und mit bescheideneren Mitteln reproduziert, sondern nach eigenen Vorstellungen adaptiert und in die Volkskunst übersetzt – und damit eine selbständige schöpferische Arbeit geleistet. Auch wenn die Gestaltungskraft fehlte, die richtungweisend Neues schuf, und die großen Stile der Möbelkunst entstehen ließ – diese liebenswerten Erzeugnisse einer naiven Phantasie sind, mit anderen Maßstäben gemessen, in gleicher Weise Meisterwerke in Form und Farbe.

Deutlich erkennbar und typisch für die Übersetzung in die Volkskunst ist der Einfluß des Barock und Rokoko z. B. bei den bemalten süddeutschen Schränken. Als Folge zeigt sich eine ganz neue Bewegtheit in der Möbelmalkunst, die Farbgebung wurde lichter, die Malerei sprengte den Rahmen der konstruktiven Begrenzungen und ging über die durch Rahmen und Füllungen gegebenen Maßeinheiten hinaus.

Durch den Einfluß von Klassizismus und Empire wurden Formen und auch die Malerei wieder schlichter und strenger.

Neben dieser Beeinflussung durch die jeweiligen Stile der Zeit sind es landschaftsgebundene Merkmale, die der Volkskunst ihr Gepräge geben. Bestimmte künstlerische Ausdrucksformen halten sich in manchen Gebieten über Jahrhunderte; typische Beispiele sind die Möbel des Alpachtals in Tirol mit ihrer Schwarzlotmalerei auf Blankholz, oder die Tölzer Bauernschränke, die über lange Zeiträume in der gleichen Form und Art der Malerei gefertigt wurden – meist florale Motive auf dunkelblauer oder -grüner Grundierung.

Volkskunst ist meist anonym, aber auch wenn man den Namen des Schöpfers nicht kennt, meint man bei guten Stücken die Aussage einer Persönlichkeit zu spüren. Es scheint eine Verwandtschaft zu den süddeutschen Kirchen und Klöstern des Bauernbarock – ob die Wies, Steinhausen oder Zwiefalten – erkennbar zu sein. Auch hier schufen Handwerker große Kunst, ohne sich deshalb als „Künstler" zu betrachten. Es ist naheliegend, daß sich die schöpferische Phantasie und das handwerkliche Können der Meister, die die Kirchen und Klöster ausgestalteten, indirekt auch auf das Gebrauchsmöbel auswirkte.

Einzelne Maler und Werkstätten sind uns namentlich bekannt, so z. B. Johann Michael Rößler aus Untermünkheim/Kocher, der neben seinen originellen Motiven (Menschen und Tiere in naiver Art gemalt, Bauernblumen) oft seinen Namen auf die Schrankfront setzte, oder Franz Baier, Mitglied einer Schreiner-Maler-Familie aus Mudau/Odenwald. Solche starken Künstlerpersönlichkeiten wirkten beeinflussend auf die übrigen Werkstätten im Umkreis; in der Gegend von Schwäbisch-Hall sind, neben den Schränken aus Rösslers Werkstatt, zahlreiche ähnliche Möbel von Nachahmern seiner Zeit erhalten.

Bei aller landschaftlichen Vielfalt in der Wahl der Farben der bemalten Bauernmöbel ist eine Vorliebe für rot und blau, die „Bauernfarben", deutlich erkennbar, ebenso für Blumenmotive in allen Varianten, so, wie sie in den Bauerngärten zu finden waren.

Im Rahmen dieses Buches sollen in der Hauptsache Beispiele und Anregungen für moderne rustikale Räume gezeigt werden.

Da ist zuerst die Möglichkeit, einzelne alte bäuerliche Möbel in eine sonst moderne Einrichtung einzufügen.

Wenn die Synthese von Altem und Neuem glücken soll, kann man nicht wahllos kombinieren; sind aber das antike Einzelstück und die neuzeitliche Einrichtung aus der gleichen Grundhaltung entstanden – dem Gebrauchszweck entsprechend, handwerklich und materialgerecht verarbeitet – werden kaum Schwierigkeiten auftreten.

Ein Naturholzmöbel stellt dabei noch weniger Ansprüche als ein bemalter Schrank, eine bemalte Truhe oder Kommode; der warme Holzton fügt sich überall leicht ein. Auf die Farben des bemalten Möbels müßten die übrigen Farbtöne im Raum abgestimmt sein.

Solch ein einzelnes altes Möbel kann einer sonst vielleicht etwas neutralen Einrichtung ein sehr persönliches Fluidum, eine Wohnatmosphäre geben, die unseren streng sachlichen Wohnungen oft fehlt. Auch in ihren Dimensionen sind die bäuerlichen und bürgerlichen alten Möbel für unsere modernen Räume mit ihren häufig bescheidenen Ausmaßen gut geeignet, weit besser als die aufwendigen Repräsentationsstücke unter den antiken Möbeln, die für große und hohe Räume geschaffen wurden.

1 Die naiv gemalten Porträts der Besitzer und die
bäuerlichen Blumen sind typische Merkmale der
Schränke von Johann Michael Rößler. Schrank von
1824.

Einige Bildbeispiele zeigen moderne Bauernstuben. Mit dem Verwendungszweck der Bauernstube von einst hat das „Bauernstübchen" im Privathaus kaum Gemeinsames. Der Raum dient als Eßplatz zwischen Küche und Wohnraum, als Teil der Diele oder Trinkstube im Keller, ist aber nicht, wie ursprünglich, der einzige Wohn- und Aufenthaltsraum der Familie.

Die typischen Raumelemente der alten Bauernstube – Holzdecke, holzvertäfelte Wände, blankgescheuerte Ahorntische vor der Eckbank – werden gerne vom Bewirtungsgewerbe aufgegriffen: in Hotels, Restaurants, Gastwirtschaften versucht man, dem Gast durch die Bauernstuben-Atmosphäre einen angenehmen Aufenthaltsort zu schaffen.

Es ist für einen Innenarchitekten sicher nicht einfach, eine moderne Bauernstube zu planen. Auf eine gefährlich-falsche Blut- und Boden-Romantik muß verzichtet werden, unechtes Zubehör – wie Butzenscheiben, verspieltes Schmiedeeisen – muß vermieden werden.

Es gibt aber vorbildliche Beispiele, wo die Übersetzung in eine moderne Formensprache gelungen ist – sei es durch eine strenge und handwerkliche Verarbeitung des Werkstoffes Holz, oder auch durch Mittel heutiger Innenraumgestaltung, wie z. B. intensive Farbwirkungen.

Neuzeitliche rustikale Räume zeigt ein großer Teil der Abbildungen. Zu Bauernstuben scheinen keine Beziehungen mehr zu bestehen; diese rustikalen Räume entstanden unter völlig veränderten Voraussetzungen. Im Gegensatz zum Bauernhaus ermöglicht es die heutige Bauweise, Häuser und Räume in beliebigen Dimensionen anzulegen, neue Baustoffe sind für tragende Deckenkonstruktionen besser geeignet als Holz. Trotzdem ist manchmal eine gewisse Verwandtschaft mit der Bauernstube von einst zu erkennen. Gemeinsames ist z. B. die bevorzugte Verwendung des Werkstoffes Holz. Auch wenn konstruktiv nicht mehr erforderlich, so ist Holz doch in den seltensten Fällen nur dekoratives Element. Natürlich wirkt ein Raum, in dem viel Holz verwendet wurde, warm und wohnlich. Als Decken- und Wandverkleidung dient Holz darüber hinaus der Wärmeisolierung und Schalldämmung, Holz bietet eine unempfindliche Oberfläche. Auch als Bodenbelag ist Holz geeignet – sei es als einfacher Holzdielenboden, als Parkett, z. B. schiffsbodenartig verlegt, oder Holzpflaster als besonders derber und unempfindlicher Belag.

In den modernen rustikalen Räumen findet man auch andere traditionelle Werkstoffe: Bodenbeläge aus Naturstein, wie bruchrauher Schiefer oder Quarzit; aus gebrannten Ziegeln oder Klinker, aus keramischen Fliesen – ob Ziegeltonfliesen oder die seit Jahrhunderten gefertigten Formate und Arten (Sechseck, Florentinerfliese); Wände aus unverputzten oder weiß geschlämmten Ziegeln, mit rauhem Putz oder gekalkt.

Aber auch ganz neuzeitliche Baustoffe brauchen keineswegs ein Fremdkörper im rustikalen Raum zu sein; das zeigen einige Bildbeispiele mit Wänden oder Decken in Sichtbeton.

Rustikale Räume können auf vielfältige Weise, mit den unterschiedlichsten Mitteln geschaffen werden. Ihnen allen ist gemeinsam der Verzicht auf jegliche Repräsentationssucht, eine Beschränkung auf einfache und unprätentiöse Formen und Materialien, eine dem Zweck entsprechende Gestaltung und handwerkliche Ausführung, und nicht zuletzt das, was man mit anheimelnder Wohnatmosphäre oder auch „Gemütlichkeit" bezeichnen könnte. Sie wird erreicht mit gestalterischen Mitteln, die von der jahrhundertealten Bauernstube bis zur modernen „Wohnhöhle" die gleichen sind.

2 Sitzecke einer Stube aus dem Tannheimer Tal, 2. Hälfte des 18. Jahrhunderts. Stilelemente des Rokoko wurden in der Anordnung der Malerei übernommen. Braun-rote Töne in blau-grünen Füllungen.

3 Feuerstelle mit alten Geräten aus einem Bauernhaus in Tirol.

4, 5 Eine andere Stube aus dem Tannheimer Tal, die Malerei vorherrschend in gelb-weißen und hellroten Farbtönen. Seit der Rokokozeit gab es in Schwaben (Tannheim liegt im Grenzgebiet Schwaben-Tirol) auch abseits der großen Städte eigenständige Kunstzentren mit begabten Volkskunstmalern.

Das Bayerische Nationalmuseum München wie auch das Tiroler Volkskunstmuseum in Innsbruck mit ihren zahlreichen Bauernstuben sind eine unerschöpfliche Fundgrube für jeden, der sich für bäuerliche Räume und Volkskunst aus früheren Jahrhunderten interessiert.

6 Schlafstube. Südtirol, 17. Jahrhundert.

7 Renaissancestube aus dem Ahrntal in Südtirol, von 1612.

8 Oberinntaler Stube (Ladis) von 1692

9   Gotische Stube aus dem Pustertal (Südtirol).

10   Gotische Stube aus dem Eisaktal (Südtirol).

11 Westfalen hat innerhalb des nordwestdeutschen Raums eigene Möbeltypen und volkstümliche Ornamente hervorgebracht. Schränke, Truhen und Sitzmöbel sind oft mit reichem Schnitzwerk versehen, das Material ist meist Eichenholz.

12 Halbhoher, bergischer Milchschrank, 2. Hälfte des 18. Jahrhunderts, Eichenholz.

13 Wohnecke aus einem niedersächsischen Bauernhaus Tellerbord mit altem Hausgerät.

14 Westfälische Truhe mit reicher, flächiger Schnitzerei, in Eiche.

15 Barockstube aus Südtirol von 1732. Reiche Schnitzereien an der Decke und den pfeilerartigen Reliefornamenten der Vertäfelung.

16 Gotische Stube aus Südtirol. Beispiel individueller schöpferischer Volkskunst sind die geschnitzten blattförmigen Ornamente der Zirbelholzvertäfelung.

17 Bauernschrank aus dem schwäbischen Raum.
Vermutlich ursprünglich bemalt. Der geschwungene
Aufsatz mit den geschnitzten Quastenornamenten
ist typisch für bestimmte Herstellungsorte, z. B.
Weißenhorn.

18 Halbschrank aus dem Ulmer Raum. Die für die
Ulmer Schränke typischen Säulen, Putten und Füllungen wurden in eine bäuerliche, primitivere Art
übersetzt. Von 1819.

19 Die bäuerliche Möbelkunst hat den Einfluß des Rokoko besonders intensiv aufgenommen und noch bis Mitte des 19. Jahrhunderts gezeigt. Kommode mit plastischen Rokoko-Füllungen und Rosenbemalung.

20 Himmelbett von 1786. Kopfteil mit sakraler Malerei, Fußbrett mit gemaltem Früchtekorb, Rahmenfelder mit Rosen, Bauernblumen und Früchten. Dies sind neben seltener Szenenmalerei und sakralen Motiven die Dinge, die in der bäuerlichen Kunst immer wiederkehren.

21 Bemaltes bäuerliches Schlafzimmer in einem Hotel in Oberbayern. Neben den Einzelmöbeln gab es gelegentlich „komplette" Schlafzimmer, also Bett und Schrank, oder wie hier, Betten und Kommode, in der gleichen Malerei. Im Tölzer Heimatmuseum ist sogar eine ganze Einbauschrankwand – so wie sie heute wieder in unseren Häusern eingeplant wird – vom Beginn des 19. Jahrhunderts, in der typischen Tölzer Bemalung, zu sehen.

22 Ein Tölzer Bauernschrank. „Blau und Rot ist Bauernmod", hieß es, und blau und rot sind die bevorzugten Farben nicht nur der Tölzer Bauernmalerei. Mit weiß übertönt, ist die Wirkung der roten Bauernrosen auf dunkelblauem Grund besonders leuchtend.

23 Man hat den Reiz alter Bauernmöbel für das neuzeitliche Wohnen wiederentdeckt. Ein originelles Himmelbett, ein bemalter Bauernkasten im Gästezimmer eines Hotels in Oberbayern. Stilechtes Zubehör, wie die rotkarierten Betten, die roten Vorhänge und Stühle, schaffen Atmosphäre

24 Die überreichen Betten und Möbel zeigen eine geistige Verwandtschaft mit den skurrilen und naiven Bildern im Schlafraum der Malerin Stefula

25 Im Ulmer Gebiet war der Fußnet-Schrank, ein halbhoher Schrank verbreitet. Hier ein bäuerliches Exemplar mit Füllungen im Rokoko-Stil und einer alten Malerei in zarten Farbtönen.

26 Bäuerliche Kommode im Zopfstil, einer in Süddeutschland oft zu findenden Ornamentenform. Die Füße sind ergänzt.

27 Zillertaler Bauernkasten aus dem Jahre 1788, in gerader Form, mit reicher Malerei.

28 Zillertaler Bett, 1788, mit naiver Malerei und dem Namen der Besitzerin.

29 Bäuerlicher Kasten aus dem Alpengebiet von 1770, in Form und Malerei ein Beispiel primitiver Bauernhandwerkskunst.

30 Bauernstube aus der Mindelheimer Gegend. Die Vertäfelung aus Naturholz, z. T. bemalt.

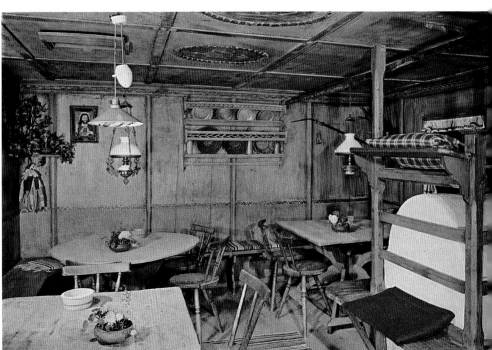

31 Dunkelgebeiztes, grob belassenes Holz, und schneeweißer Putz, bilden einen reizvollen Kontrast in dieser Bauernstube. Eine ringsumlaufende Sitzbank, antiker bäuerlicher Tisch, roter Klinkerboden.

32 Die Bauernschränke aus dem schwäbischen Raum weisen außer der Bemalung meist Schnitzereien auf, wie dieser Schrank, dessen geschnitzte Quasten für die Weißenhorner Gegend typisch sind. 1. Hälfte des 19. Jahrhunderts.

33 Bäuerlicher Stuhl, auch aus der Weißenhorner Gegend, mit Quasten- und Empire-Ornamenten.

26

34 Schrank von Johann Michael Rößler, Untermünk-
heim, von 1835. Die Möbel Rößlers sind ein Höhe-
punkt liebenswürdig-naiver Bauernkunst im 19. Jahrhundert, die Flächigkeit der Kästen wird überspielt
durch eine skurrile Welt von gemalten Blumenstä-
ben, Menschen und Tieren, Früchten, Blumenkörben
und Ornamenten.

35, 36 Neuzeitliche Bauernstuben in Italien:
Decke und Wände mit Zirbelholz verkleidet. Eck-
bänke, Tische und Stühle ebenfalls in Naturholz.
Wandborte sind beliebtes Beiwerk in Bauernstuben
und ein günstiger Platz, um altes Zinn, oder was
man sonst sammelt, unterzubringen, und damit dem
Raum eine individuelle Note zu geben.

37 Rustikaler Wohnraum in einem Ferienhaus am Gardasee. Schwere, dunkle Balkenkonstruktionen an der Decke und dem offenen Kamin und die dunkel gebeizten Sitzmöbel bilden einen Kontrast zu den weiß geschlämmten Wänden. Die originelle Anordnung der kleinen Fenster wird durch karierte Vorhänge noch betont.

38 Bei der Ausgestaltung dieser Stube hat man sich bemüht, die anheimelnde Atmosphäre alter Bauernstuben zu schaffen, mit den traditionsreichen Mitteln: viel dunkelgebeiztes Holz, kleine Fenster, eine umlaufende Bank, ein massiver Tisch und Schemelstühle.

39 Aufsatz eines Schrankes mit Tellerbord aus Südtirol. Naturholz mit flächigen Schnitzereien.

40 Taverne in einem Landhaus in der Lombardei. Tiefergelegener Kaminplatz mit Sitzbänken, alte Balkendecke.

41 Ländlicher Speiseraum in Italien. Trotz spartanischer Mittel entstand eine „Tafel", an dem langen Eßtisch haben 13 Personen Platz. Auf dem gemauerten Sims, altes und neues Hausgerät.

42 Alte Bauernstube in Wahrn-Bressanone. Dem weiß verputzten Kachelofen ist die Sitzbank direkt zugeordnet.

43, 44 Bauernstuben in Italien. Mit astigem Zirbelholz, Flachschnitzereien, schweren schmiedeeisernen Türbeschlägen und antikem Hausrat bemüht man sich, die Stimmung alter Bauernstuben zu vermitteln.

45 Alte bäuerliche Möbel aus Norditalien. Der
Bauernschrank zeigt plastisches Gesims mit Rokoko-
Stilelementen, die Füllungen sind bemalt. Rosen
und Tulpen als Einzelblumen waren stets ein beliebtes Objekt der Bauernmalerei.

46 Rustikale Truhe mit gotischen Stileinflüssen

47 Kunstvoll geschnitzte Buttermaschine, das Faß in naiver bäuerlicher Art bemalt.

48 Bäuerlicher Dreibein-Stuhl, mit reliefartigen Flachschnittornamenten.

49 In einem dänischen Bauernhaus. Truhe aus dem 17. Jahrhundert, mit reichen Eisenbändern und Beschlägen. Innen haben diese Truhen ein kunstvolles und technisch perfektes Schloß. Darüber eine Wandschrank-Vertäfelung von 1828, mit alter Bemalung.

34

50, 51, 52, 53 Rustikales Landhaus. Die derben Materialien und die werkgerechte Art ihrer Verarbeitung wurde konsequent im ganzen Haus durchgeführt, so z. B. bei der Holz-Wendeltreppe, deren Stufen durch den Mittelpfosten gesteckt und gezapft sind. Balkenkonstruktion und Decke in Naturholz, ebenso die Wände im Obergeschoß. Im Erdgeschoß sichtbares Ziegel-Mauerwerk. Boden Solnhofer Platten.

54 Alte Bauernstube in einem Haus am Tegernsee. Wände und Boden mit Holzbrettern verschalt; die für alte Bauernhäuser typischen kleinen Fenster vermitteln ein Gefühl von Gemütlichkeit. Schwerer alter Kastentisch und originelle rustikale Sessel.

55 Sitzecke in einer Weinstube am Tegernsee. Alter bäuerlicher Tisch.

56 Wohnraum in einem dänischen Landhaus. Der hohe, holzverschalte Giebel wird durch Zwischenträger in Form von rohen, runden Stämmen optisch abgeteilt. Mächtiger rund gezogener und weiß verputzter Kamin. Eine alte Truhe von 1766 wurde zu einem Sofa umgebaut.

57 Alte Bauernstuben, so z. B. im Tiroler Volks-kunst-Museum in Innsbruck, bieten vielerlei Anregung, wenn es um die Einrichtung einer neuzeitlichen Bauernstube geht, ob es formale oder handwerkliche Details sind. Moderne Bauernstube: Bank, Tisch und Decke, Naturholz in handwerklich solider Verarbeitung. Als Ergänzung zwei alte Bauernstühle und ein Teil eines antiken Chorgestühls als seitliche Begrenzung der Bank.

58 Gotische Stube aus dem Vintschgau (Südtirol).

59 Bäuerliche Stube. Wandverkleidung, Wand und Tisch in Zirbelholz. Mächtiger Kachelofen mit Aufsatz, in Keramik.

60 Gotische Stube aus Südtirol, mit Tonnengewölbe in Holz.

61 In einem dänischen Schloß wurde ein Fenster mit einer Rückfront aus Mattglas versehen und als Vitrine für dekorative alte Flaschen eingerichtet.

62 Bauernstube in Dänemark. Die Möbel sind aus der 2. Hälfte des 19. Jahrhunderts. Bemalte Füllungen, zum Teil mit Naturholz kombiniert.

63, 64 Alte Salzfässer mit reicher Schnitzerei, aus Norddeutschland, um 1820.

65 und 66 (Seite gegenüber) Rustikales Wohnen
im Fertighaus, pyramidenförmig angeordnete Decke
aus Fichtenbrettern, Kaminblock aus geschlämmten
Mauersteinen, dunkle, balkenartige Unterzüge un-
terteilen den Raum optisch und bilden einen Gegensatz zu der hellen Holzdecke und der weißen An-
bauwand.

67 Rustikales Fertighaus. In diesem Platz-Haus geht ein Teil des Wohnraumes über 2 Etagen. Im Obergeschoß ist ein Arbeitsraum angeordnet. Balken und Pfeiler aus dunklem Holz als Kontrast zu der Deckenverkleidung aus hellem Fichtenholz.
Die Sitzmöbel sind in schwarzem Leder und geflecktem Rindleder bezogen.

68 Küche im Fertighaus. Dunkle Holzfronten, oben Jalousientüren, weiße Abdeckplatten. Der Küchenblock ist mit Florinetten verkleidet.

69 Wohnhof des Platz-Fertighauses. Der Sitzplatz im Freien ist teilweise überdacht. Durch die vielseitige Holzverwendung auch in diesem Außenraum eine behagliche, rustikale Atmosphäre.

70 Ein Teewagen im ländlich rustikalen Stil, in der Kombination von Bambusrohr und Holz.

71 Arbeits- und Wohnraum im Obergeschoß des Platz-Fertighauses. Der Arbeits- und Wohnraum in dem balustradenartig angeordneten oberen Teil des Wohnraumes im Platz-Fertighaus. Die dunklen Holzpfeiler und Balken und die helle Fichtenholzverkleidung verbinden beide Geschosse optisch.

72 Großer Wohnraum eines Hauses bei München. Von der Liebe zum graphischen Detail bestimmt sind Wandaufteilung, Türbemalung und Fußboden, der zum Teil aus eingelassenen Baumstamm-Scheiben besteht. Ein antiker Barockschrank, Bauernwiege und Stuhl ergänzen zu einer zeitlosen Harmonie.

73 Tochterzimmer als kombinierter Wohn- und
Schlafraum in einem Fertighaus.
Schranktüren, sowie Bettdecke und Bettbespannung
mit einem schweren französischen Leinen, das in
den Farben zu dem kleinen bemalten Schreibtisch
harmoniert.

74 Bäuerliche Stube mit Koch- und Eßplatz am
Kachelofen in einem Wochenendhaus in Österreich.
Decke, Wände und Boden aus Fichtenholz.

75 Trotz sparsamer Möblierung hat dieser Wohnraum eines belgischen Architekten eigene Atmosphäre. Die rötliche Holzdecke ist leicht anpoliert,
der Boden erhält Struktur durch die mit betonten
Fugen verlegten keramischen Fliesen.

AUS DÄNISCHEN HÄUSERN

76 In der Diele eines dänischen Landhauses grob verfugter heller Klinkerboden, weiß geschlämmte Wände und Holzdecke. Die bäuerlichen Stühle scheinen im Ornament ihrer Rückenlehne mit den englischen Stühlen verwandt zu sein, wie überhaupt die englischen, norddeutschen und dänischen Möbel viel Gemeinsames aufweisen. Bäuerliche Truhe von 1751, mit sparsamer Bemalung auf dunklem Holz.

77 Man könnte glauben, daß die groben Bauernmöbel schon Jahrhunderte in dem ländlichen Wohnraum mit seinen kleinen Fenstern und der Balkendecke stehen. Alte Bilder und antikes Kunstgewerbe unterstreichen den geschlossenen Gesamteindruck.

78 Die Natur in Form eines malerischen Seerosenteiches wurde durch das große Fenster in den Wohnraum hereingeholt. Eine alte rustikale Truhe mit mächtigen Eisenbändern und Beschlägen, und zwei in der Form elegantere Barockstühle vor dem Fenster.

79, 80, 81 In einem Einfamilienhaus in Stuttgart ist das Treppenhaus Teil des Wohnbereiches. Dieses rustikale Haus erhält seine Atmosphäre durch die Wahl der Materialien, die konsequenterweise im ganzen Haus einheitlich sind: weiß geschlämmtes Mauerwerk, dunkle Decken-Balkenkonstruktion, teils dunkel gebeizte, teils naturbelassene Holzverschalungen der Decken und Wände. Der Fußboden ist belegt mit dunkelgrauen Granitplatten. Die seitlichen Treppenwangen und das massive Geländer sind aus astigem Schichtholz, die Holztreppenstufen mit Teppichmaterial belegt.

82 Versetzte Geschosse – eine im Wohnbereich
gern angewandte Wohnform – ermöglichen eine
optimale Ausnutzung des umbauten Raumes; sie
schaffen eine großzügige und offene Art des Wohnens, mit reizvollen Durchblicken und optischen
Überschneidungen.

Auf den beiden oberen Wohnebenen der Kontrast
dunkle Holzkonstruktion – dunkle Holzverschalung
an Decke und Wänden zu naturfarbenem Teppichboden und weißen Türen. Im unteren Teil die Wände
in Sichtbeton bei dunklem Holzparkettboden.

83 Die gestalterische Konzeption des Hauses
überspielt die ungünstige Lage an einem Steilhang.
Der große Giebel faßt die verschiedenen Wohnebenen zusammen.

84 Atelier eines dänischen Bildhauers. Holzstiege vom zweigeschossigen Atelier zur Empore mit Arbeitsplatz, der durch phantasievolle, transparente Gebilde optisch abgeteilt ist. Wände in hellem Klinker, Decke holzverschalt.

85 Wohnen auf verschiedenen Ebenen. Von der Diele mit anschließendem Eßplatz geht man einige Stufen zum tiefer gelegenen Wohnteil und zum Garten. Eine Wendeltreppe aus schwarz lackiertem Eisenrohr mit Holztritten führt zum großen Wohnraum im Obergeschoß. Deckenbalken und Verschalung aus stark astigem Fichtenholz.

59

86, 87 Treppen in einer leichten Holzkonstruktion
– ob die Trittstufen eingespannt oder aufgelegt sind
– wirken transparent und engen einen Raum optisch
nicht ein.

Das Treppenhaus in einem „Kavaliershaus" neben
Schloß Solitude ist gleichzeitig „Ausstellungsgale-
rie" für die Sammlung antiker Wanduhren. Schöne,
alte Dinge sind es auch, die diesem Wohnraum mit
Aufgang ins Obergeschoß seine Individualität
geben: der Naturholzschrank aus dem Bodensee-
raum, antike Putten, Bilder und Uhren.

88 Die Wände des Wohnraumes sind ganz mit
Holz verkleidet. Über die dunkelgebeizte Holztreppe
ist eine Empore im Giebel zu erreichen. Die Basti-
ano-Sessel mit dem breiten Padouk-Holzgestell har-
monieren gut zu dieser Palette von hellen bis dunklen Holzarten und Farbtönen.

89 Das ganze Treppenhaus in Holz; Wände und
Decke verschalt mit Fichtenholz. Treppenwangen,
Trittstufen und der breite Handlauf in Eiche-Natur.

90 Rustikale, aber optisch leicht wirkende Holztreppe ins Obergeschoß. Breiter Handlauf aus
Schichtholz. Decke und Wände der Empore in Holz
verschalt; interessant ist die Aufteilung in verschie-
den breite Bretter. Trittstufen mit Teppichbodenbelag

SEITEN 64 UND 65:

94 Das Sammeln von schönen alten oder neuen Gegenständen ist eine liebenswerte Ergänzung des rustikalen Wohnens. Über der Eßtischgruppe, die aus dem stabilen Tisch und zwei einfachen Holzbänken besteht, wurde eine Reihe Hinterglasbilder aus Süddeutschland dekorativ arrangiert.

95 Keramik aus Vallauris. Alte bayerische Bierseidel, Messingkerzenleuchter und andere Volkskunst als Blickfang auf den Regalen dieses Kaminraumes. Rote Klinkerwand und rote Ziegeltonfliesen als Bodenbelag, die Sitzgruppe in weißem Kunststoff mit Lederkissen.

96 In einem Haus in der Provence. Reizvoller Kontrast von massiver Balkendecke und Bruchsteinmauerwerk zu zarten Korbmöbeln, geflochtenen Teppichen, getrockneten Gräsern und Blüten, moderner Kunst und Keramik.

91 Diele im Wohnhaus eines Fotografen. Bemalte Bauernmöbel aus Süddeutschland geben Wohnatmosphäre. Der Wohnraum geht ohne Türe in den Eßteil des Wohnraumes über.

92 Wände und Decke des Vorraumes sind in Kiefernholz verschalt. Unauffällige Holzknöpfe wurden als Mantelhaken in die Holzdielen eingelassen. Die Decke setzt sich im Wohnraum fort.

93 Großzügig und gleichzeitig wohnlich ist diese Diele eines Einfamilienhauses. Großzügig durch die Naturglastüre, die den Raum optisch weitet und die wie eine Vertäfelung wirkende große Schrankwand in hellem Eschenholz. Wohnlichkeit bringen der unregelmäßige rote Ziegeltonfliesenboden, die alte bemalte Türe des kleinen Einbauschrankes und die dekorativen Ergänzungen, wie z. B. der geschnitzte Türgriff und das antike Kunstgewerbe.

97 Bei aller Verschiedenartigkeit haben beide Räume etwas Gemeinsames: sie vermitteln Assoziationen mit einer Höhle und deren Geborgenheit. In dem vom großen Wohnraum abgetrennten Kamineck wird diese Wirkung durch dunkle Holzverkleidung an den Wänden und Decken erreicht und noch unterstrichen durch die schwarzen Lederkissen, die auf dem gemauerten Sockel liegen und den dunklen Hirtenteppich aus Griechenland.

98 Starke Kontraste im Wohnraum eines Hauses am Comer See: rot verputzt sind Wände und Decken, weiße keramische Fliesen als Fußboden- und Treppenbelag.

101 Dekorative und zweckmäßige Kombination von keramischen Fliesen und Naturholz in einem Kellerraum. Die rasterartige Decke und die Wände in hellem Fichtenholz, ein umlaufender Sockel, mit der Wand in blauen keramischen Fliesen verkleidet, dient als Kaminbank. Darüber eine Abzugshaube aus schwarz lackiertem Eisenblech.

99, 100 Neuzeitliches Wohnen in einem Jagdhaus in der Eifel. Der Raum erhält seine Atmosphäre durch die verschiedenartigen Materialien: Bruchsteinwände, roter Fliesenboden und viel Holz, außerdem eine phantasievolle Form der Holzdecken und Fensterkonstruktion.
Am Eßplatz der Durchreicheschrank zur Küche; die Eßtischgruppe in Teakholz. Die Stühle sind mit schwarzem Leder bezogen.

102 Wohnhalle eines Jagdhauses in der Eifel. Grosser Kaminblock, in Bruchstein gemauert. Interessant gelöst ist die Form der Holzdecke und ihre Verbindung mit der Fensterfront.

103 Rustikaler Wohnraum in Italien. Auf formal
einfachsten Nenner gebracht ist der Kamin mit dem
rund gezogenen und weiß verputzten Rauchabzug.

104 Atelier eines Malers in Italien. Holzstiege zur
Wohnempore. Boden rote Fliesen. Malerwerkzeug
und Möbel zur Aufbewahrung von Utensilien und
Zeichnungen wurden durch altes bäuerliches Gerät
ergänzt.

105 In einem Wohnraum eines italienischen Hauses ist der offene Kamin als ein Block ganz in Sichtbeton ausgeführt. Um den Kaminplatz mit den beiden rustikalen Sitzbänken auch optisch herauszuheben, sind über diese Fläche keramische Fliesen in den Holzboden des übrigen Raumes bündig eingelassen.

106 Ein Landhaus in Italien. Die alte Holzdecke und der große Kaminblock mit dem weiß geputzten Rauchfang geben dem Raum Wärme und Gemütlichkeit. Die rot und weiß lackierten Sitzmöbel setzen Akzente.

107   Der Wohnraum in demselben Landhaus in der
Lombardei. Als Gegensatz zur dunklen Holzdecke
und dem beinahe schwarzen Holzboden sind die
schweren Möbel weiß und rot lackiert, mit Schotten-
karo als Bezugsstoff.

108 Barecke in der Halle des Landhauses in der Lombardei. Der jahrhundertealte Raum mit der unregelmäßigen Holzdecke und den Florentiner Fliesen als Bodenbelag ist stimmungsvolle Kulisse, wenn die Gäste sich an der Bar zusammenfinden. Dabei sitzen sie auf kleinen Fässern vor dem zur Bartheke umgebauten großen Weinfaß.

109 Ein aufgeschnittenes Weinfaß als Bartheke und originelle Schemelstühle, außerdem viel stimmungsmachendes „Barzubehör" in diesem Haus in Italien.

110 Ländlicher Eßraum. Sichtbare Decken-Holzkonstruktion. Ein großer Eßtisch, bequeme Stühle mit Binsengeflecht, als Wandschmuck alte Kupferpfannen und Stiche.

111 In einem großen Kaminblock aus Bruchsteinen sind zwei Kamine zusammengefaßt. Die eine Feuerstelle heizt den Wohnraum, die andere, von der nur der Abzug im Wohnraum sichtbar ist, den nebenan gelegenen Schlafraum. Rustikale Materialien, Holzkonstruktionen in massiven Dimensionen, sowie eine sparsame Möblierung im Wohnraum dieses italienischen Hauses am Meer.

112 Diele mit Eßplatz in einem Haus in Italien. Der Boden ist bedeckt mit keramischen Platten, ein Teil der Wände in Bruchstein. Die „Tessiner Stühle" aus Pappelholz haben auch bei uns weite Verbreitung gefunden.

113, 114 Wie eine Plastik steht der Kamin aus weiß geschlämmtem Mauerwerk in diesem Raum. Ein reizvolles dreidimensionales Formenspiel aus Nischen, Sockeln und Vorsprüngen. Das Kaminloch ist sowohl vom Kaminplatz wie auch vom großen Teil des Wohnraumes zu sehen. Der Fußboden ist aus Naturstein, die Deckenträger und die Verschalung in Naturholz.

115　An die überlieferten Formen von Feuerstellen
in alten Bauernhäusern erinnert dieser Kamin.
Dicke Holzbohlen (an Eisen aufgehängt) dienen als
Rahmen des weiß verputzten Rauchfanges. Die
Decke besteht aus breiten, dunkel gebeizten Holz-
riemen; Bodenbelag: keramische Platten.

116　Ein Kachelofen in moderner Form, mit weißen
Kacheln und schwarzem Rahmen, als Trennung des
Wohnraums von dem Vorraum, von wo die Behei-
zung erfolgt. Alle Räume dieser Dachwohnung in
einem Bauernhaus sind mit Teppichboden ausgelegt;
die durchgehende Holzdecke aus Fichtenriemen vermittelt den Eindruck von Großzügigkeit.

SEITEN 80 UND 81:

117, 118　Man hat den Reiz des Wohnens unterm
Dach entdeckt. Während man sich früher bemühte,
die Dachschräge zu kaschieren, sind heute Dach-
form und Konstruktion willkommene Elemente der
Raumgestaltung. Der sichtbare Giebel – mit Fichtenholz verschalt – gibt optische Weite. Durch die
dunkel gebeizten Holzträger wird der Raum wieder
gefaßt und trotz des hohen Daches ein Gefühl der
räumlichen Begrenzung vermittelt.

119 Sichtbarer Giebel in Fichtenholz verschalt, mit einer interessanten Metall-Konstruktion als bestimmendem Raumelement.

120 Das gleiche Thema. Holzverschaltes Giebeldach, von einer Metallkonstruktion getragen. Auch die Wände sind querlaufend mit Fichtenholz verkleidet. In die Stirnseite des Giebels ist ein Fenster rahmenlos eingelassen.

121 Im ganzen Haus sichtbar durchgeführte fachwerkartige Konstruktion. Der sichtbare Giebel mit Fichtenholz verschalt.

122 In diesem Landhaus ein Giebel in Fichtenholz-verschalung, verbunden mit einer sichtbaren Balken-konstruktion, die gleichzeitig den großen Wohn-raum gliedert und die offene Küche, der der Eßplatz zugeordnet ist, vom Wohnteil abtrennt.

123 Im Landhaus in Weingärten bei Wien viel-seitige Verwendung von Naturholz. Sichtbare Holz-Deckenträger, furnierte Platten an Wänden und Decke, aus Holz ebenfalls die Fenster- und Türrah-men. Die dänischen Klappsessel von Professor Mo-gensen werden schon seit über 30 Jahren produ-ziert.

124, 125 Ein altes Bauernhaus mit tief herunter-
gezogenem Dach am Ufer eines Schweizer Sees
wurde als Ferienwohnsitz umgebaut. Altes wurde
behutsam erhalten oder ergänzt, wie die im ganzen
Haus durchgehende Decke aus dicken Eichenboh-
len, Neues, wie die große Fensterfront zum See,
der offene Kamin, die Holzverschalung der Wände
und die Holzdielenböden mit Können hinzugefügt.

126 Wohnraum in einem Architektenhaus. Konsequente Verwendung nur weniger Materialien. Die Decke in Sichtbeton, ebenso die Büchersimse an der weiß geschlämmten Ziegelwand. Roter Ziegelboden, Formsteine aus demselben Material als Abdeckung der vor der großen Schiebefensterwand im Fußboden eingelassenen Heizung. Aus Ziegeln gemauert auch der Sockelrost des offenen Kamins, der nur durch das Abzugsrohr vervollständigt wird. Beschränkung der Gestaltung auf das für die Funktion Wichtige, Verzicht auf jeden Dekor.

127, 128 Fachwerkhaus in Heidelberg. Die außen und innen sichtbaren Balken sind rot gebeizt. Statt eines Fenstervorhanges rot lackierte Schiebetüren vor der Fenstertürfront. Eine der Flächen ist, ebenfalls in roten Tönen, mit einer gegenstandslosen Malerei versehen.

129 Ein modernes Fachwerkhaus in Heidelberg. Die sichtbaren Fachwerkbalken sind rot gebeizt, ihr konstruktiver Raster gliedert den Raum. Offener Kamin mit Abzughaube aus schwarz lackiertem Eisenblech.

130 Die Freude am graphischen Ornament läßt dieser Kamin spüren. Sockel und Kubus zum Teil mit geometrischen Kacheln verkleidet. Abzug in Eisenblech, schwarz lackiert.

131 Die verschiedensten Dinge zeugen von den vielseitigen Interessen der Bewohner dieses Architektenhauses: moderne Bilder und Plastiken, alte ostasiatische Marionetten, Orientteppiche. Die rustikalen Möbel wurden vom Architekten entworfen. In ihren massiven Dimensionen bilden sie ein Gegengewicht zu den eher leicht und luftig wirkenden anderen Raumelementen.

132 In der neuzeitlichen Raumgestaltung lassen sich auch Kontraste zu einem harmonischen Ganzen kombinieren. Ein in erdigen Farben bemalter Bauernschrank aus Ottobeuren, eine englische Schiffskommode in Mahagoniholz, ein Bild von Horst Antes, die Leuchte aus Italien, die fichtenholzverschalte Decke und Wand. Diese verschiedenen Elemente, mit Fingerspitzengefühl zusammengestellt, ergeben ein Musterbeispiel für „Rustikales Wohnen"

133 Der Bodenbelag aus roten glasierten keramischen Fliesen geht im ganzen Haus am Comer See
durch. Neben der Tür zur Seeterrasse eine durch
die heruntergezogene Decke höhlenartig wirkende
Wohnnische. Die mit rotem Stoff bezogenen Cou-
ches können auch als Liegen Verwendung finden.

134 Sitzgruppe in neuzeitlichem rustikalen Stil, in dunkel gebeiztem Holz, mit losen Sitz- und Rücken-kissen.

135 Die Italiener haben eine andere intensivere Beziehung zur Farbe als wir. Der Wohnraum über zwei Stockwerke in einem Haus am Comer See zeigt ein Farbenzusammenspiel von rotem Keramikboden, roten Sitz- und Polstermöbeln, weißen Wänden und dunkel gebeiztem Holzwerk an Galerie, Treppenhandlauf und offenem Kamin.

136 Wohnen auf verschiedenen Ebenen. Durch die sichtbaren tragenden Konstruktionen in Naturholz, Decken- und Wandverkleidungen aus dem gleichen Material, entsteht ein reizvolles Zusammenspiel der vertikalen und horizontalen Raumelemente. Im höher gelegenen Eßraum Teppichboden, im Wohnteil Naturstein.

137 Die Landschaft ist durch große Fensterflächen in den Wohnraum einbezogen. Das holzverschalte Giebeldach setzt sich über dem vorgelagerten Sitzplatz fort, vom Wohnraum aus durch ein Giebelfenster in seiner ganzen Dimension optisch erfaßbar.

138 Auch einer der neuzeitlichen Werkstoffe –
Sichtbeton – kann Ausdruck rustikalen Bauens sein.
In Sichtbeton wurde die Decke über einem groß-
zügigen Kaminplatz gestaltet. Kieselsteine als Fußboden, lose Lederkissen auf gemauertem Sockel
als Sitzbänke.

139, 140 Kaminblock und Wand in Sichtbeton, in
Verbindung mit einer schrägen Fichtenholzdecke
und dunklen Holzfenstern.

141, 142 Vielerlei Aspekte und Wohnmöglichkeiten bietet dieser Wohnraum über zwei Geschosse. Ein Kaminplatz, der durch die niedrige Decke den Eindruck von Geborgenheit vermittelt; der optisch abgeteilte Eßraum; die Sitzgruppe im hohen Zentrum des Raumes. Geschlämmtes Mauerwerk, Holzverschalung an Decke und Wänden und der Boden aus gebrannten Platten unterstreichen die rustikale Note des Raumes.

143 Mit sparsamsten gestalterischen Mitteln wurde ein durch die guten Proportionen nobel wirkender Kaminplatz geschaffen. Weiß geschlämmte Ziegel, und als Blickfang ein Litho von Marini in roten Farbtönen.

144 Eßplatz in einer Diele. Skandinavische Tischgruppe in Teakholz. Die Decke ist mit Fichtenholz verschalt. Statt eines Vorhangs am Fenster ein Holzstäbchenrollo.

145 Ein Kavaliershaus neben Schloß Solitude wurde als Wohnhaus umgebaut. Der ländliche Charakter des kleinen Hauses mit enger Verbindung zum Garten wird unterstrichen durch die Holzdecke. Die Sitzmöbel sind aus Naturrohr; man sieht viele Dinge alter Bauernkunst.

146 Vor der holzverschalten Wand hier ein modernes Bücherregal. Der schwarze Biedermeier-Rahmen kontrastiert damit besonders gut.

147 Wohnung im Dachgeschoß. Der Giebel wurde mit hellem Fichtenholz verschalt, die dunklen Balken der Dachkonstruktion als architektonisches Element in die Raumgestaltung einbezogen.

148 Seine Individualität erhält dieser Wohnraum durch die interessante Deckenkonstruktion. Die warm wirkenden Materialien an Decken und Wänden – die Decke in Naturholz, die schiffsbodenartig angebrachte Holzverkleidung an der Stirnwand und die Klinkerwände am Kamin – stehen im Gegensatz zum kühlen, hellen Steinfußboden. Alle Raumelemente sind neutraler Hintergrund für die antiken Schränke und Sitzmöbel.

149 Wohnraum in einer umgebauten Mühle in England. Der Kamin hat als Unterlage ein altes Getrieberad. Die rohen Ziegelwände und der Fußboden werden durch die Verwendung von Teppichen und Wandbehängen wohnlich gestaltet.

150 Das Treppenhaus ist räumlich sehr eingeengt, aber das große Fenster, das sich zum Mühlfluß hin öffnet, gleicht dies wieder aus.

151 Unter dem großen holzverschalten Giebel zusammengefaßt sind die offene Küche, Eßplatz, Wohnraum und der überdachte Sitzplatz im Freien.
Boden mit Kokosteppich ausgelegt.

152 Elegant wirkt diese Diele mit ihrer schlichten
dunklen Holzwand und den farbigen Bodenfliesen,
wie sie in zahlreicher Ausführung in Italien oder
Spanien hergestellt werden.
Akzente setzen die bäuerliche Wanduhr und die
Gläsersammlung, vor dem rahmenlos eingesetzten
Glasoberlicht angeordnet.

153 Konsequent wurde der rustikale Charakter dieses Hauses am See in allen Räumen gewahrt. Durch Fichtenholzverschalung und einen schweren Leinenvorhang wurden Waschbecken und Bad vom Flur abgetrennt; die Holzbalkendecke bleibt auch in diesen Räumen sichtbar.

154 Großzügig wirkt die Garderobe dieses Landhauses. Dieser Eindruck wurde erreicht, indem alle
Materialien der Diele – Holzverkleidung an Decke
und Wänden, Bruchsteinwand und roter Ziegeltonfliesenboden – in der Garderobe weitergeführt wurden. Plexiglaskuppeln in der Decke, sowie eine
indirekte Beleuchtung hinter einer Holzblende sorgen für gute natürliche und künstliche Beleuchtung.

155 Schlafraum im Dachgiebel. In diesem bäuerlichen Haus in Italien führt eine leichte schmiede-
eiserne Treppe in einen weiteren Schlafraum, in
dem die Betten in Nischen hinter einem Vorhang
unter der Dachschräge angeordnet sind.

156 Schlafraum im Dachgiebel. Im Haus am See
sind Wände und Boden mit Fichtenholz verschalt.
Die Treppe in vorbildlicher Holzkonstruktion ausgeführt, ist als gestalterisches Element in den Dach-
raum einbezogen.

157 Schlafraum unter der Dachschräge eines umgebauten Bauernhauses am See. Reizvolles Zusammenspiel von massiven Balken und Verschalungen
in Naturholz, grob weiß geputzten Wänden und hell-
rotem Klinkerboden. Unter der Empore zwei strenge
Liegen, einfache Holzbretter dienen als Ablage und
ersetzen die üblichen konventionellen nachttisch-
artigen Möbel.

158　In einem Schlafraum unterm Dach, mit dunklen
Holzbalken und Blenden, ein Bett aus massivem
Mahagoniholz. Vier dicke Pfosten tragen einen breiten Holzrahmen, in dem die Matratzen liegen. Am
Kopfende ist ein Bücherregal in das Gestell einbezogen. Die Dachschräge wurde neben der Fen-
stertüre als begehbarer Kleiderschrank ausgenutzt.

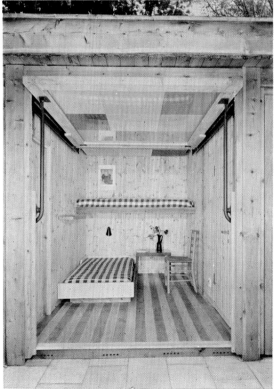

159 Die Rückwand hinter den Stockwerksbetten des Kinderzimmers ist mit Holz verschalt. Das in der Wand sitzende, hochliegende Fenster ist mit einem Rolladen aus dem gleichen Material zu verschließen.

160 Das Kinderzimmer des Wochenendhauses ist durch Hochklappen des großen Fensters unter die Decke ganz zur Terrasse zu öffnen. Holzverschalte Wände und ein Holzdielenboden sind strapazierfähig und bringen Wärme.

161 Decke, Wände und Boden dieser Skihütte in Italien sind mit Naturholz verkleidet. Der Raum wirkt warm, gemütlich und gleichzeitig rustikal.

162 Die schräge Wand macht dieses Schlafzimmer gemütlich, das spitz zulaufende Regal gibt eine heitere Note

163 Beinahe spartanisch wirkt dieser Schlafraum
aus Italien. Holzdielenboden und weiße Wände,
Binsenstuhl und gerader Mahagoniklapptisch; eine
verspielte Note bringt das schwarze Eisenbett.

164 Frankfurter Wellenschrank in einer Diele. Holz:
Nußbaum. Der Schrank trägt optisch die schwere
Balkendecke.

165 Rustikale Farbzusammenstellung in einer Küche. Zu den dunkelgrünen Möbeln bilden die weißen Arbeitsplatten, die Vorhänge in rotem Bauernkaro und das dunkelrote Geschirr einen reizvollen Kontrast.

166 Ein kleiner Vorratsraum neben der Küche ist mit dunkelgrünen Keramikfliesen ausgekleidet, in der Nische ringsum dunkle Holzregale.

167 Mit farbigen Stühlen, einem hübsch gemusterten Vorhang und etwas dekorativem Zubehör – hier sind es Körbe in vielen Variationen, die an der Decke aufgehängt wurden – kann man einer vielleicht zu neutralen Küche Atmosphäre geben.

168 Rustikale Küche in einem Fertighaus. Sichtbare dunkle Deckenkonstruktion, Decken- und Wandverschalung, sowie die Einbauküchenmöbel aus hellem Naturholz bilden eine Einheit.

169, 170 Dieser großzügige Wohnraum ist in eine Wohn- und eine Speisezone gegliedert. Helles Holz und große Fenster sorgen für eine angenehme Wohnlichkeit.

171 Der Küchenblock aus geschlemmten Ziegelsteinen gemauert, mit dunkler Steinplatte. Außer der Kochstelle wurde ein Holzkohlengrill in die Platte eingelassen, darüber Wrasenabzug. Durch eine Falttüre ist die Küche vom Eßplatz abzuteilen. Bodenbelag sind schwarze Schieferplatten.

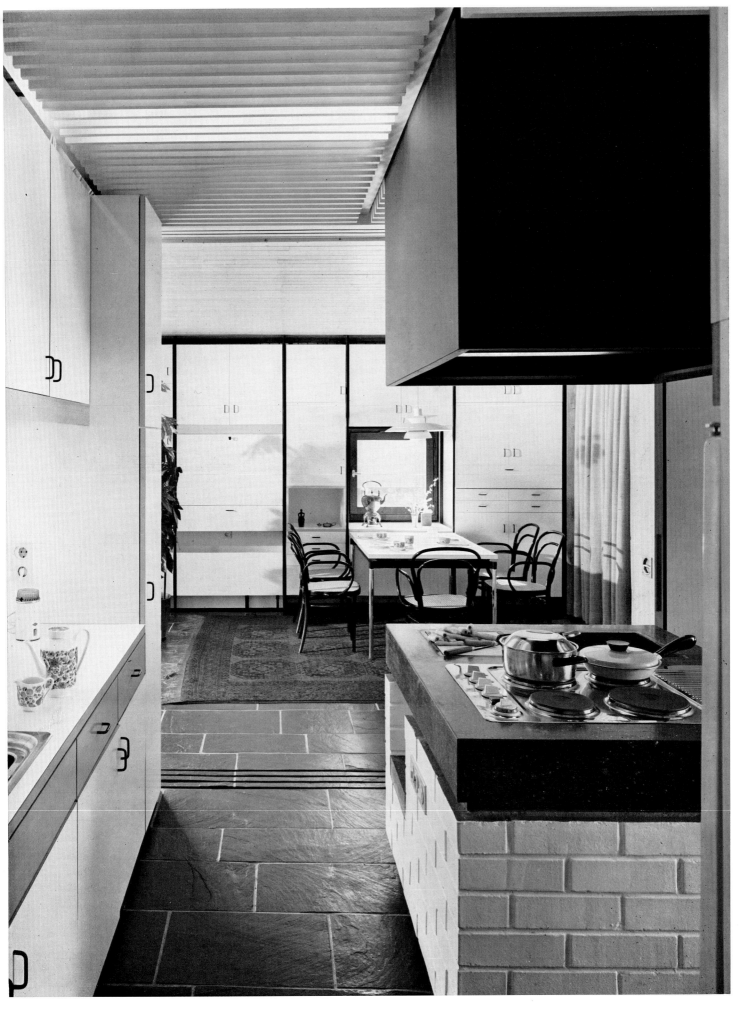

172 Küche in einem Landhaus bei Salzburg. Boden aus Holzstöckelpflaster, Wände und Arbeitsplatten Spaltklinker, Küchenschränke Naturholz. Vorbildlich ist die Zuordnung des Eßplatzes im Garten zur Küche.

173 Küche mit rustikalen Anbau-Serienmöbeln in dunklem Holz eingerichtet. Wrasenabzug aus Kupfer über dem Küchenblock, der mit bemalten keramischen Platten verkleidet ist.

174 Auch eine technisch perfekte Küche kann entsprechend gut gestaltet sein. In der Holzdecke ist ein Entlüftungsraster eingelassen. Die unempfindlichen Schichtstoffpreßplatten der Möbeloberflächen wurden durch farbig abgesetzte Ornamente aufgelockert.

175 Weiß geschlämmtes Mauerwerk, rote Fliesen als Bodenbelag und massive Holzmöbel geben diesem Raum in einem alten Haus seine unverwechselbare Stimmung.

176 Der Wohnraum wird gegliedert und unterteilt durch die Einbeziehung der Küche mit gemauertem Küchenblock. Voraussetzung für eine solch enge Verbindung von Kochplatz und Wohnen ist eine perfekt funktionierende Entlüftung, die hier durch den großen Wrasenabzug in der Küche gewährleistet ist. Die Decke ist aus Holz, in der Küche sind Holzeinbaumöbel. Das Haus steht in Dänemark.

177, 178 Reizvoll ist der Übergang vom Wohnraum zum Gartensitzplatz in den wild wachsenden Garten. Dicke Pfähle begrenzen den Sitzplatz. Der Eßplatz am Haus erhält Schatten durch die an der Vorderkante des überstehenden Daches eingebauten Jalousetten.

179 Gartenhof des Wiener Architekten Prof. Roland Rainer. Das kunstvoll gefügte Mauerwerk bildet den Rahmen, die beinahe graphische Sitzgruppe und die sparsame Bepflanzung setzen Akzente.

180 Arbeitsplatz im Garten vor dem Atelier eines Bildhauers. Alte Glaskugeln aus Bauerngärten in Harmonie mit Werken moderner Bildhauerkunst.

181 Bestandteil moderner Wohnhausarchitektur ist die Schaffung von Innen- und Außenräumen. Dem Haus angegliedert wurde dieser Wohnraum im Garten. Der Außenkamin kann an schönen Tagen beliebter Mittelpunkt anregender Gesprächsrunden sein. Weiß geschlämmtes Mauerwerk, Holzdecke und Boden Waschbeton.

182 Der überdachte Hauseingang wurde optisch getrennt von einem kleinen Küchenhof. Geschlämmtes Mauerwerk, Decke und ein Teil der Wände holzverschalt.

183, 184 Ein überdachter Sitz- und Eßplatz, zur perfekten Gästebewirtung eingerichtet durch einen offenen Holzkohlengrill mit Wrasenabzug, aus Klinkern gemauert. Die Trennwand mit dem rasterartigen, dunklen Holzregal ist sowohl dekoratives Element wie praktischer Aufbewahrungsort für das Zubehör.

185, 186 Vorgebaute Loggia eines Hauses im Gebirge. Durch das weit überstehende Dach und die Holzverschalung an Decke, Wänden und Boden entsteht ein Gefühl der Geborgenheit in diesem „Wohnraum im Freien".

187, 188 Reizvolle Kontraste in einem Haus am Comer See. Der höhlenartige Eindruck des Wohnraumes wird durch den intensiv roten Putz noch unterstrichen. Wenn man die große Fensterwand öffnet, so kann man die herrliche Naturkulisse von See und Gebirge in den Wohnbereich einbeziehen. Zum Rot der Wände ein weißer Keramikboden und -ofen; weiße Kugellampen.

189 Loggia im Untergeschoß eines Hauses in San Felice de Circeo. Weiß geputztes Mauerwerk, dunkle Balken mit dunklem Strohgeflecht als Sonnenschutz. Diese rustikalen Elemente werden beinahe überspielt von dem elegant wirkenden seegrünen Keramikfliesenboden.